LA LEÇON DU PASSÉ.

FRAGMENS D'ÉCRITS

EN DATE DE 1827.

La Charte existe : est-ce un bien, est-ce un mal?
On peut controverser sur cette thèse pendant une
éternité, attendu que chacun voit ce qui est avec la
Charte, et que nul ne sait ce qui serait sans la Charte. Il n'importe, au reste; c'est un fait accompli,
consommé.

Lors de l'invention de la Charte, l'autorité su-
prême s'aperçut sans doute que les conditions an-
ciennes de son exercice, passées d'habitude, effacées
de la mémoire, étaient difficiles à rétablir, impossibles à affermir; et se rappela peut-être que dans
les derniers temps, la direction des erremens politiques fut trop souvent envahie par les menées de
l'intrigue, trop souvent entraînée au détriment de
sa gloire, de sa sécurité.

Ainsi l'autorité fut induite à se désister du pouvoir absolu, à se dessaisir de la force matérielle; fut
induite à organiser la puissance morale de l'opinion,
à la constituer sous des formes précises et limitées, à
faire jouer son mécanisme au grand jour.

Et par suite, l'opinion domine les mouvemens de la société, de même que sous la monarchie l'honneur en réglait l'action. L'opinion concourt à tout : son scrutin légal préside à la formation de la chambre élective, et participe par ce moyen à la désignation des ministres; son accueil ou son contrôle accompagne la nomination des pairs, influe plus qu'on ne pense sur la conscience même de leur force.

Déja ce germe subtil, ce principe pénétrant s'est propagé dans tous les organes de l'être social, et se manifeste sur tous les points, à toutes les occasions. La justice et le barreau, les sciences, les lettres et les arts, l'industrie et le commerce, les salons et les cafés, les jeux de la scène, les pompes du décès, en font foi. Il n'y a pas jusqu'aux ministres qui ne le sentent, puisqu'ils tremblent.

Mais que dire du peuple, de l'armée? masses énormes, où le mouvement intestin est lent à percer, plus lent à éclater ; masses ineptes, dont dispose presque toujours quelque impulsion étrangère. Insensé qui se fierait à leur état apparent d'inertie! En un clin d'œil, on les voit passer du calme au désordre, de la torpeur à la frénésie.

Les gens viennent alors, et prétendent faire rentrer entre cuir et chair, l'opinion qui sort par tous les pores, prétendent étouffer le germe du mal en coupant la fièvre d'éruption, non sans courir le risque que l'humeur encore bénigne, tant qu'elle s'exhale et s'évapore au dehors, ne tourne soudainement en un virus corrosif qui porterait le feu dans les entrailles.

Pauvres gens, ils n'ont pas appris en classe que le germe du mal est souvent identique avec le principe du bien, et que l'opinion est un moteur également apte à agir dans tous les sens; semblable à la vapeur, si l'on veut, dont la force expansive doit être contenue et réprimée pour éviter les plus terribles accidens, et néamoins ne peut être remplacée par aucune machine, pour faire mouvoir des rouages de plus en plus compliqués.

Pauvres gens, ils n'ont appris ni par le jugement, ni par l'expérience, que sous la forme qui lui a été donnée par l'acte de la volonté royale et par l'action des temps qui est armée aussi de légitimité, la société française vit uniquement de l'opinion : ils n'ont pas appris que l'autorité, ayant abdiqué des titres désormais impossibles à faire valoir, s'étant, par la double vertu de la délicatesse et de la nécessité, dessaisie du maniement de la force matérielle, aussitôt qu'elle répudierait l'alliance, l'assistance de la force morale, resterait dépourvue de toute puissance.

Or, voilà la vérité : et si, au sein des plus nobles cœurs, une routine invétérée, surannée, s'obstine à ne pas la reconnaître, si, dans la tête des agens du pouvoir, une manie indomptable, incorrigible, ne cesse de la mépriser; comme cette routine, cette manie, ne sont point douées d'un talisman pour dominer les volontés, pour surmonter les résistances, quiconque s'abandonne à leurs conseils, attend sa fin.

Qu'on nie le mouvement de la terre ! Au moins cette idée ne tombe pas dans l'absurde, puisque tous les phénomènes de l'orbe céleste s'expliquent de même par les deux suppositions. Il fallait des calculs d'un ordre transcendant pour atteindre à la vérité des choses.

Qu'on nie l'influence de l'opinion ? Ce serait faire un bien autre pas dans la carrière de l'erreur ; ce serait partir d'un principe absurde pour en tirer des conséquences perfides ; et au lieu d'expédier à Poissy, les mains liées derrière le dos et la bouche close par le bâillon, les Galilées de l'opinion, il conviendrait plutôt de faire déposer à Charenton, les Zoïles de la civilisation.

Mais qui est-ce donc qui nie l'opinion, sauf qu'au préalable il n'ait été renié par elle ? Qui est-ce donc qui tente d'étouffer toute lumière, à moins que chacun de ses rayons ne lui semble chargé de la foudre vengeresse ? Qui est-ce qui implore le retour des ténèbres, si ce n'est à l'imitation du hibou, que la nuit installe au trône des airs.

Sortons de l'absurde : il n'émane que du bord des lèvres et ne repose au for intérieur de qui que ce soit. Or, si l'opinion est connue à titre de puissance essentielle, de puissance indépendante, et peut-être récalcitrante, il reste seulement à découvrir comment l'Etat doit obtenir son aide et conquérir sa force, comment il peut s'approprier un outil qu'il n'y a pas moyen de briser, et qui travaille à son détriment, si ce n'est à son profit.

Telle est la question nettement tranchée.

Il faut plaindre l'Etat qui n'aspire qu'à se sauver de l'opinion, qu'à esquiver l'opinion ; autant vaudrait que l'oiseau prétendît se sauver du milieu qui le soutient, où il se meut. Hormis sous le sceptre de l'autocratie religieuse ou sous la chaîne des habitudes sociales, l'Etat ne s'établit, ne se consolide que par l'opinion.

Expression un peu vague dont le sens est mal interprété, dénomination souillée par les forfaits qui lui ont été attribués, qu'est-ce en réalité que l'opinion? D'où vient-elle, comment agit-elle, où aboutit-elle ?

Eh mais ! il faut le demander à ceux-là qui s'insurgent, s'irritent, s'acharnent contre l'opinion publique. L'esprit qui leur souffle la pensée est identique avec l'esprit qui l'inspire elle-même ; ce sont deux espèces dans le genre. Ils font de l'opinion sans le savoir ; seulement leur opinion étroite et bornée ne veut pas de l'opinion franche et large.

Toute dénégation de l'opinion, toute diffamation de l'opinion signifient, quant aux personnes dont la conduite est réfléchie, le dessein aussi vain en intention qu'en exécution, de faire prévaloir l'opinion privée sur l'opinion générale. Et certes, il n'existe ni rationnellement ni expérimentalement aucune présomption légitime que la première vaille mieux que l'autre.

Tant que la secte des matérialistes politiques n'aura pas refait à neuf l'*homme machine* de la Mettrie, opération qui, pour le dire en passant, n'est désormais réalisable qu'à l'égard de la génération naissante, n'est réalisable qu'avec l'aide des générations existantes, qui tout autrement organisées, agiraient à contre-cœur et à contre-sens; tant que l'homme machine ne sera pas formé, tant que la société machine ne sera pas fondée, il y aura dans cet être fait à l'image du Très-Haut, sentiment, pensée, jugement; il y aura entre tels et tels de ces êtres, entre tant et tant de ces êtres, concordance de sentiment, de pensée, de jugement. Voilà ce que c'est que l'opinion publique.

L'expression seule manquait encore, si le ciel n'avait accordé à l'homme la parole et le regard, si l'homme n'avait acquis avec le temps la plume et la presse. Et quels sont les ingrats, les rebelles qui prétendraient lui ravir les graces du ciel, les faveurs du temps? Malheur à eux : dans l'opinion reléguée, repoussée, refoulée, l'expression des facultés morales ne tarderait pas à être remplacée par l'expression des forces physiques.

On dit : l'opinion est enfantée, est éduquée, est animée par la lecture seule; il n'y a plus de brochures; qu'il n'y ait plus de journaux : et toute lecture cesse, et toute opinion languit, s'éteint, faute d'alimens qui la nourrissent, faute d'irritans qui la provoquent.

Ainsi la presse périodique doit être mise sous le scellé : c'est un grand pas; mais ce n'est que le premier pas. En parlant des hommes, nous disons nos semblables, justement parce que tous les êtres de cette nature sont nés en sympathie, sont tenus en harmonie, et s'entendent entre eux, non par un seul organe, d'après un tel mode ; mais par tous les organes, d'après tout mode quelconque : la lecture, la parole, les signes, les gestes leur servent tour à tour et leur suffisent à cet effet. Un des organes manque-t-il, les autres y suppléent : tous les organes manqueraient-ils, sauf un seul, le dernier survivant s'animerait d'une énergie supplémentaire, afin de les remplacer.

Et quelle misère dans le projet qui fait tant de bruit ! Enchaîne-t-il la langue, engorge-t-il l'ouïe, entrave-t-il les mouvemens ? Jusqu'à cette heure les prétentions ne s'élèvent pas aussi haut. Crève-t-il les yeux seulement ? Hélas non ! la vue reste intacte : il ne lui est soustrait qu'un seul mode de transmission, pour le sentiment, pour la pensée ; l'organe est apte encore aux immédiates communications, à l'aide des rayons visuels, est capable encore d'une communication intermédiaire, à l'aide *des traits divers de figures tracées*, à la main, c'est-à-dire.

Quelle misère ! Parmi tous les moyens de relation entre les hommes, le projet ne menace que la presse, que la presse périodique, qu'une partie de la presse périodique. Il y a loin de ces mesquines tentatives, à la fin tant convoitée, de tarir à sa source, d'obstruer en son cours, d'engloutir à son dernier terme, l'opinion publique.

On n'attaque qu'une des voies de communication, on ne tente pas même de la couper, au moins pour l'instant ; on se borne à la rétrécir. Toutes les autres voies restent libres, l'esprit humain s'y précipitera ; et leur pente est encore la plus rapide ; l'abîme les couronne.

Il n'est pour la société que deux dangers capitaux, les émeutes populaires, les révoltes militaires : elle périt sous leur coup. Elle survit bien qu'abattue, affaiblie, aux atteintes de sorte différente, et se relève, se rétablit au retour des temps propices ; il arrive même que les crises de l'ordre intellectuel amenant des paroxismes en sens inverse, d'une part raniment le principe de la vie, de l'autre épurent des humeurs peut-être funestes.

Or, ce sont ces crises salutaires qu'on prétend étouffer ; c'est sous le coup fatal qu'on s'efforce à pousser la victime.

Faudrait-il croire que les ministres sont prédestinés à conduire jusqu'à sa fin naturelle l'œuvre entamée sous les plus tristes auspices ? L'opinion n'éclôt, n'est couvée qu'au sein de l'opposition ; et lors de leur avénement, l'opposition dominante étant royaliste, il n'y avait point de risque à courir de la part de l'opinion, il n'y avait point de craintes comme à cette heure, de la porter aux dernières extrémités en l'aigrissant, en la comprimant.

Les ministres apparaissent ; et élevant, agitant la bannière ravie aux rangs royalistes, c'est à sa défense, c'est à sa gloire, que par un art détestable, ils prétendent rattacher les projets de la plus niaise vanité. Ainsi, l'opposition naturellement rejetée dans les rangs libéraux, à laquelle on pouvait avec l'appui de la justice et de la raison, faire adopter toutes les conceptions vraiment monarchiques, est irritée sans cesse, est recrutée au-delà de toute mesure ; et l'opinion qui se forme, se concentre dans ce foyer ardent, menace d'une explosion terrible, d'une révolution, puisqu'il faut dire le mot.

Quand même il y aurait moyen de lui opposer une force suffisante, encore serait-il peu sage d'augmenter le nombre, d'accroître la rage des ennemis. Mais si la force, au contraire, doit être entraînée, être soulevée par l'opinion, de sorte à se retourner au moment critique, en aggravant les périls, en précipitant l'époque, c'est faire soi-même, la révolution. (*De la loi sur la Presse : 1827.*)

Le ministère est usé : ainsi parlaient ses affidés mêmes, quand tout à coup surviennent les troubles du 17 avril, les désordres du 29, les émeutes du 17 mai.

La voix des faits est tonnante et couvre les accens de la raison, étouffe l'écho de la mémoire. Tout change ; le ministère se rasseoit.

On ne voit pas que les faits sont des effets, que les effets ont une cause, que la cause qui les a produits, les produira encore.

Les faits frappent seuls ; ils rendent l'image des

temps sinistres, ils semblent en présager le retour. C'est la révolution, dit-on.

Or, la faiblesse perdit le saint roi. Il faut déployer la force, exercer des rigueurs, jeter l'effroi.

Mais la force s'use par son emploi ; la force tourne dans la main ; la force est sujette à usurper l'empire.

Mais les rigueurs siéent mal de nos temps. Elles répugnent et fatiguent ; le ridicule les tue.

Et quant à l'effroi, le sabreur du 13 vendémiaire et du 18 brumaire n'est plus sur le trône : pour le cimenter, combien de sang ne faudrait-il pas ?

Est-ce qu'il n'y aurait pas quelqu'autre remède ?

Tout effet dénonce une cause : quand la cause agit, comment l'effet se retiendrait-il de lui-même, s'arrêterait-il à point nommé ?

Tant que la cause agit, si l'effet est suspendu un instant, est comprimé peut-être, il reprend bientôt avec d'autant plus d'intensité.

La cause est patente. Et quel insensé, quel impie oserait dire que la France entière, en se soulevant contre les ministres, veut attenter à la majesté du trône.

Qu'ils disparaissent ! Puis, qu'on ait un œil de feu, une main de fer ; il surviendra de l'aide : on sera en droit, on sera en force.

Autrement, c'est se débattre en vain ; c'est se mutiner contre la loi d'en haut.

Cette population exaspérée peut-elle être gouvernée, ou peut-elle être ramenée ?

L'espérance ne se fixe, ni sur l'un ni sur l'autre de ces termes.

Comment la gouverner? La force morale est hostile; la force judiciaire est au moins neutre. Il ne reste que la force militaire. Et d'où vient-elle? A quoi tient-elle?

Comment la ramener? A-t-on jamais vu un ministre tourner du mal au bien, un peuple passer de la haine à la foi. Le ministre changerait, nul n'y croirait.

Défiance et colère s'aggraveront de jour en jour. Après avoir rejeté les leçons du passé, faut-il encore repousser les menaces de l'avenir.

Il n'est pas un seul homme qui espère ou qui craigne que le ministre puisse durer un certain temps : lui-même n'y compte pas.

Que sert-il donc de se mettre en frais, en peines pour le soutenir? C'est seulement ajourner la chute, reculer le dénouement.

Plus le temps s'écoule, plus les périls s'amoncèlent; la nécessité qu'on essaie d'esquiver, est d'autant plus dure à subir.

Enfin les destins auront parlé : et le ministre tombe, ayant refoulé forcément l'opinion vers les bords ennemis, ou du moins sur des rives étrangères.

L'opinion gagne peu à peu les pairs et les députés, la ville et la cour, les corps civils et militaires. Il faudra piquer le drapeau dans son noyau même ; ailleurs le premier souffle l'abattrait.

L'opinion s'écarte, s'écartera de jour en jour. En retardant de prendre un parti, on ne se doute pas du lieu éloigné, du lieu encore voilé où il faudra chercher le noyau, piquer le drapeau.

Ceux à qui le cœur a manqué, pour étouffer le mal en son prinbipe, manquent de sens en se révoltant contre les conséquences.

Mais s'écrie-t-on, ce n'est pas le moment : l'autorité aurait tort de plier, de céder ; un premier pas en entraîne un autre : l'abîme n'est pas loin.

Certes les conséquences sont pénibles ; c'est un fait consommé qu'il faut accepter, dont il ne doit sortir que des remords, pour ceux à qui est la faute.

La question réelle, la question politique est celleci : peut-on supposer que les circonstances deviennent meilleures ! Ne doit-on pas croire qu'elles deviendront pires?

Alors il y aurait encore plus à craindre; à ce point qu'au moment où la force viendrait à parler, à agir, il ne resterait qu'à courber humblement la tête.

Louis XVI s'est perdu par ses concessions; tel est l'axiome banal que chacun répète, que nul ne traduit bien.

Il convient de distinguer.

Les concessions entièrement libres ne perdent jamais; les concessions absolument forcées ne perdent pas non plus : elles annoncent seulement que tout est perdu.

Entre les unes et les autres, se présentent des concessions de nature délicate, demi-libres, demi-forcées, auxquelles on est amené, soit par des craintes légitimes, soit par une peur puérile.

Si la peur commande, on suscite ainsi l'audace, l'exigence : c'est créer le péril.

Si les craintes déterminent, on gagne du temps, on acquiert des moyens : c'est du moins assoupir le péril.

Quant à Louis XVI, souvent les conseils de la peur, soufflés par des traîtres, l'ont égaré ; et souvent des flatteurs, l'ont induit à mépriser les plus justes craintes.

Deux causes opposées se sont réunies pour le perdre.

Rien n'est moins touchant, moins imposant que cette colère d'apparat, que cet enthousiasme de commande, à l'occasion des troubles de Paris et des scènes de la revue.

Les ames simples y sont prises; les esprits timides sont influencés, mais fouillez à la source, le secret est honteux.

Plusieurs partis divers sont accolés au ministre; des niais de nature, des valets d'habitude, des prosélytes de bonne foi, des royalistes de sentiment, des absolutistes d'espérance, surtout des coureurs de places, d'honneurs, de richesses.

Et tous tremblaient, lorsque les écarts, les excès des derniers temps ont changé la face des choses.

L'homme fort se soutient par lui-même; les êtres débiles ont besoin d'étais étrangers. Le ministre a fait des fautes de plus en plus; ses adversaires en ont moins fait : la balance penchait contre lui.

Des événemens fortuits sont advenus à propos; il tombait de son poids, le choc l'a remis d'aplomb.

Heureuse chance! présages propices! Il faut saisir l'occasion, consolider les résultats.

« La révolution a tenté de se relever, je l'ai abat-« tue : si elle se montre encore, je l'écraserai. »

Veni, vidi, vici : le ministre tranche du César; il connaît l'espèce humaine. Son mot à fait effet.

On se sert du même artifice qui réussit si bien lors des élections, et l'artifice n'est pas usé. Les plus loyales gens se laissent effrayer : ce n'est pas le ministère qu'ils soutiennent, c'est au libéralisme qu'ils s'opposent.

Est-il permis de leur parler? Y a-t-il moyen de s'en faire entendre? Il faut tenter.

D'où vient le libéralisme? Où va le libéralisme?

A l'avènement du ministère, il existait en France un corps d'opinions royalistes, dictées par le sentiment et fondées sur la raison, une masse d'intentions neutres ou inertes, enfin des débris de passions réfractaires, amorties par le temps.

Grace à ses faits et gestes, qu'y voit-on maintenant? Le corps réduit en débris, les débris formés en corps, la masse poussée à l'état d'hostilité.

Le libéralisme est l'être de sa création; et chaque jour l'occasion de s'exercer lui est fournie, l'initiant à la connaissance de ses forces, l'habituant au mépris de l'autorité.

D'abord faible avorton et né contre nature, c'est

à cette heure un géant aux cent bras, une hydre aux cent têtes. Des deux bords on le reconnaît.

Mais, pour guérir le mal, ceux-ci travaillent à extirper le principe, ceux-là n'aspirent qu'à maintenir la cause. Le débat, réduit à ces termes, est si simple, qu'il n'y a plus de prise au raisonnement.

Aussi on ne raisonne pas, on se traîne à la suite d'un nom ; trois syllabes accolées, dont la dernière est muette, font l'office d'un mot cabalistique. C'est le talisman de nos destinées.

Vainement il existe maint et maint autre royaliste à introniser sur les sièges du pouvoir.

Vainement tel qu'il fut, apostolique ou absolutiste même, il lui serait fait accueil de toutes parts, tant l'épouvante, l'aversion sont grandes.

Tout ministère nouveau soulève les craintes, tandis qu'il devrait porter le repos.

Peut-être ne doit-il pas accomplir des espoirs généreux : peut-être doit-il amener des chances périlleuses : qu'importe? Le remède aura coupé le cours d'un mal invétéré, et la nature aura repris ses forces pour s'opposer à l'invasion d'un mal naissant. » (*Un homme de trop : 1827.*)

IMPRIMERIE D'A. PIHAN DE LA FOREST,
rue des Noyers, n° 37.